Um Ihre eigene "Info" Registerkarte zu bearbeiten, müssen Sie zuerst auf diese klicken, bewegen Sie dann den Mauspfeil über den Abschnitt, den Sie bearbeiten möchten, wonach Sie ledliglich noch auf das Stiftsymbol klicken müssen.

Erstellen Sie Inhalte, die eine Interaktion generieren

Diese Empfehlung mag etwas selbstverständlich erscheinen, aber keine Liste wäre ohne sie vollständig. Unternehmen müssen sich jetzt mehr denn je selbst herausfordern und über die Bedürfnisse ihrer Zielgruppen nachdenken, um Inhalte zu schaffen und zu teilen, auf welche die Menschen reagieren und über die sie sich unterhalten. Die Tage, in denen wir eine lustige Meme erstellt haben, die eine Reihe von Likes erhielt und "viral geht", liegen eindeutig hinter uns.

Dies sehen wir jedoch als gute Nachrichten an. Nur wenige haben es genossen, ihre Facebook-Feeds voller minderwertiger Clickbaits vollgestopft zu sehen. Durch die Herabstufung dieser Nachrichten im Facebook-Feed wird es legitimen Unternehmen erleichtert, interessante Informationen zu erstellen, die gesehen werden.

Das Problem ist, dass etwas, was für einen Kunden "interessant" ist, nicht immer auch für einen anderen sein muss. Der wichtigste Punkt, den Sie im Auge behalten sollten ist, dass der Inhalt eine Interaktion wie einen Kommentar oder einen Share erzeugen muss, um einen hohen Wert zu haben. Daher ist die Konzentration auf Strategien zur Generierung von Konversation äußerst wichtige. Achten Sie jedoch darauf, nicht in die Falle zu geraten, dass Sie versehentlich Köder für ein Engagement produzieren, da dies die gegenteilige Wirkung auf Ihre Sichtbarkeit haben wird.

Eine Strategie, die beim Generieren von Interaktionen meistens sehr gut funktioniert, ist das Erstellen von Posts, die Kundengeschichten teilen. Dies ist besonders effektiv, wenn Ihr Produkt oder Ihre Dienstleistung mit einem Lebensereignis, wie den Kauf eines Autos, Bau eines Hauses oder Erhalt eines neuen Welpen, verbunden ist. Die Geschichten Ihrer Kunden zu posten, ist eine großartige Möglichkeit, um mit dem Kunden, dessen Geschichte Sie erzählen, eine Konversation zu erzeugen, die den Inhalt wiederum an Freunde und Familie weitergeben, die oft mit dem Inhalt interagieren, um der Person zu gratulieren oder ihnen Fragen zu stellen.

Neben der Schaffung einer höheren Interaktionen hat dieser Ansatz mehrere positive Auswirkungen:

• Es hilft dabei, die Beziehung zum Kunden zu festigen. Indem Sie ihre Geschichte von Ihrer Markenseite teilen, geben Sie ihnen das Gefühl, etwas Besonderes zu sein, was jeder genießt.

• Positioniert Ihr Unternehmen so, dass es sich um Kunden kümmert. Ihre Marke wird sich realer und authentischer fühlen, was die Affinität steigert.

• Es stellt Ihr Unternehmen in einem sehr positiven Licht an neue Interessenten vor. Diese Kundengeschichten werden im Wesentlichen zu Marken-Testimonials.

Reagieren Sie stets auf Kommentare

Wenn Sie wir schon bei einer Steigerung von Interaktionen sind, die Ihre Fans mit Ihrer Facebook-Seite haben, sollten Kommentare definitiv nicht vergessen werden. Sie können Kommentare über den Tab "Benachrichtigungen" ganz oben auf Ihrer Seite überwachen und beantworten. Auch wenn es nicht notwendig ist, auf jeden einzelnen Kommentar zu antworten, den Sie erhalten, sollten Sie die Gespräche, die dort stattfinden, unbedingt regelmäßig überprüfen (insbesondere, um mögliche soziale Medienkrisen im Auge zu behalten).

Arten von Facebook-Posts

Facebook-Textbeitrag

Dies ist die einfachste Art von Facebook-Post. Ein ausschließlicher Textbeitrag wird keine Nutzer auf Ihre Website leiten oder Konversionen fördern, aber er kann dazu genutzt werden, um auf Ihrer Seite für eine Interaktion zu sorgen. Eine Frage zu stellen kann eine großartige Möglichkeit sein, um Ihr Publikum einzubinden.

Facebook Fotobeitrag

Wie auch bei einem Textbeitrag ist ein Fotopost dazu gedacht, Aufmerksamkeit oder Interaktionen zu erzeugen, anstatt andere

Facebook Marketing, Tipps und Tricks die Sie kennen sollten

Facebook bietet Ihnen die ideale Plattform, um Ihr Geschäft effizient zu bewerben. Ob Sie ein Neuling auf dem Markt oder ein erfahrenes Unternehmen sind, ein Beitritt zu Facebook wird Ihnen immer die gewünschten Vorteile bieten. Der Grund ist nichts anderes als die Popularität und Globalität dieser einzigartigen Social-Media-Plattform. Fast jeder nutzt heutzutage Facebook, um sich über die neuesten Trends, Nachrichten und Unterhaltungszwecke auf dem Laufenden zu halten. Es ist die Heimat von etwa 2 Milliarden aktiven Nutzern pro Monat, was es zur am meisten genutzten Social-Media-Plattform macht, was eine gute Nachricht für Facebook-Unternehmen ist, um sich noch einfacher mit einer Vielzahl ihrer Verbraucher zu verbinden. Dies ist auch der Grund, der sogar die profitabelsten Internetgeschäfte dazu gebracht hat, sich auf Facebook anzumelden, um so ihre Marke noch stärker und beliebter zu mach

Facebook für Geschäftsmarketing

Wenn es um Marketing auf Facebook geht, ist der größte Fehler, den Marketingspezialisten begehen, die Annahme, dass es einfach ist. Ein Kinderspiel! Social-Media-Strategien und erfolgreiches Social-Media-Management erfolgreich durchzuführen, ist jedoch eine ziemlich schwierige Aufgabe. Wenn Sie die richtige Social-Media-Strategie verpasst haben und davon ausgehen, dass Sie mit nur einigen Likes bereits Erfolg haben werden, dann liegen Sie leider falsch! Es kommt darauf an, die richtige Facebook Marketing-Strategie zu nutzen und sie erfolgreich zu implementieren.

Erstellen Sie ein Unternehmensseite, kein persönliches Profil

Sie müssen eine Unternehmensseite erstellen, kein persönliches Profil, um Ihre Marke zu repräsentieren. Seiten ähneln zwar persönlichen Profilen, enthalten jedoch einzigartige Tools für Unternehmen, Marken und Organisationen. Ihre Fans können Ihre Seite Liken, um Updates in ihren Newsfeeds von Ihnen zu sehen, was sie für persönliche Profile nicht tun können.

Dies wird nicht nur das Geschäftspotenzial von Facebook für Sie maximieren, sondern es ist auch gegen die Nutzungsbedingungen von Facebook, dass Sie ein persönliches Konto verwenden, um etwas anderes als diese Person darzustellen, wie zum Beispiel ein Unternehmen. Wenn Sie bereits ein Profil für Ihr Unternehmen erstellt haben, möchten Sie es in eine Geschäftsseite umwandeln, was sehr leicht getan werden kann.

Fügen Sie ein tolles Titelbild hinzu

Mit dem Seiten-Design von Facebook können Sie oben auf Ihrer Business-Seite ein Foto mit einer Größe von 851 x 315 Pixeln anzeigen. Sie sollten dieses Titelbild jedoch optimieren, um die Aufmerksamkeit neuer Besucher zu gewinnen, sie dazu ermutigen, mehr zu erfahren und zu erkunden, und gleichzeitig ein effektives mobiles Erlebnis bieten - während Sie gleichzeitig sicherstellen, dass Sie den Seitenrichtlinien von Facebook folgen.

Fügen Sie ein wiedererkennbares Profilbild hinzu

Wählen Sie ein Profilbild, das von Ihren Besuchern leicht erkannt werden kann - wie Ihr Firmenlogo oder ein Porträt von Ihnen, wenn Sie Solopreneur oder Berater sind. Erkennbar zu sein ist wichtig, um gefunden und geliked zu werden, besonders bei der Facebook-Suche. Ihr Profilbild wird oben auf Ihrer Facebook-Seite angezeigt und ist auch das Miniaturbild, das neben all Ihren Facebook-Seitenupdates angezeigt wird, also wählen Sie es mit Bedacht aus.

Berücksichtigen Sie bei der Auswahl eines Fotos, dass Facebook eine Profilgröße von 180 x 180 Pixel benötigt (auch wenn das Bild auf Desktopcomputern mit 160 x 160 Pixel angezeigt wird).

Optimieren Sie Ihren "Über" Abschnitt - vor allem die Vorschau

Ihr "Über" Abschnitt ist einer der ersten Orte, den die Benutzer sehen werden, wenn sie auf Ihrer Seite ankommen. Eine Vorschau davon befindet sich auf der linken Seite unter Ihrem Profilbild, und die Benutzer können auch zum vollständigen Abschnitt navigieren, indem Sie oben auf Ihrer Profilseite auf den Tab "Über" klicken.

Achten Sie darauf, den Vorschaubereich auf der linken Seite mit einer kurzen, aber aussagekräftigen Beschreibung zu optimieren, um den Besuchern einen Eindruck davon zu vermitteln, für was Ihre Seite und Ihr Geschäft stehen, bevor sie sich dafür entscheiden, Ihnen einen Like zu geben. Diese wird meistens von der "Kurzbeschreibung" übernommen, die Sie in Ihrer vollständigen Registerkarte "Über" angeben.

Geschäftsziele zu unterstützen. Und auf dieser Front haben Fotoposts viel zu bieten. Eine Studie, die in der Zeitschrift Management Science veröffentlicht wurde, hat gezeigt, dass das Hinzufügen von Fotos zu Ihren Posts die Anzahl der Likes und Kommentare erheblich erhöht.

Sie wissen nicht, wo Sie die passenden Bilder finden, die Sie in Ihren Facebook-Posts verwenden können? Kein Problem, es gibt unzählige kostenlose Foto-Webseiten im Internet. Und damit Sie selbst und Ihre Marke jedoch keine Probleme haben, sollten Sie die Grundlagen des Bild-Urheberrechts verstehen, bevor Sie ein Foto online teilen.

Bedenken Sie auch, dass das "Foto" in Ihrem Beitrag kein Foto sein muss. Es kann jede Art von Darstellung sein, wie eine Infografik, Illustration oder irgendeine andere Abbildung.

Facebook Videopost

Ein kurzer Videobeitrag kann überzeugend sein, wenn Ihr Produkt visuell ansprechend ist. Da Videos automatisch im Nachrichten-Feed abgespielt werden, kann selbst ein Clip, der nur wenige Sekunden lang ist, eine gute Möglichkeit sein, um das Interesse einer Person zu wecken.

Längere Videobeiträge sind als eine Form von gemeinsam nutzbarem Inhalt entstanden, der Tausende oder sogar Millionen von Ansichten erreichen kann. Die Benutzer von Facebook sehen sich durschnittlich 100 Millionen Stunden an Video jeden Tag an. Es ist also klar, dass Video-Posts eine wichtige Möglichkeit darstellen können, sich mit Ihren Followern zu verbinden. Sehen Sie sich unten unsere vier wichtigsten Bestandteile eines perfekten Social-Media-Videos an, um Ihre Facebook-Videobeiträge optimal zu nutzen.

Facebook Live-Video

Facebook Live-Video ist, nicht überraschend, eine live Videoübertragung auf Facebook. Es kann eine großartige Möglichkeit sein, um mit Followern zu interagieren oder ihnen einen Blick hinter die Kulissen Ihres Unternehmens, Ihres Produkts oder der Persönlichkeiten hinter Ihrer Marke zu geben. Es ist auch ein großartiges Format, um Ankündigungen in Echtzeit zu teilen. Denken Sie jedoch daran, dass bei einer Liveschaltung alles passieren kann, weshalb Sie immer vorbereitet sein müssen.

Verknüpfter Inhaltspost

Ein verlinkter Inhaltspost ist genau das, wonach es klingt - ein Post, der auf Inhalte außerhalb von Facebook verweist, wie Ihre Website oder Ihr Blog. Dies ist wahrscheinlich die einfachste Art von Facebook Post, die Sie erstellen können. Aber Sie müssen Ihren Beitrag immer noch mit Bedacht erstellen.

Um einen verlinkten Inhalt zu erstellen, müssen Sie lediglich einen Link kopieren und in das Statusfeld einfügen. Facebook bezieht automatisch die Meta-Beschreibung und das Foto, sodass Sie mit wenig Aufwand einen gut aussehenden Beitrag erhalten. Fügen Sie dann Text hinzu, um den Lesern zu erklären, warum sie durchklicken sollten, und Sie sind gerüstet. Während Sie die meisten Ihrer Link-Posts zum Teilen Ihrer eigenen Inhalte verwenden möchten, können Sie auch Inhalte von anderen Experten in Ihrer Branche teilen.

Pinnen sie wichtige Beiträge an den Anfang Ihrer Seite

Wenn Sie neue Inhalte auf Ihrer Facebook-Seite posten, werden ältere Beiträge in Ihrer Timeline weiter verschoben. Aber manchmal möchten Sie vielleicht, dass ein bestimmter Beitrag länger oben auf Ihrer Seite bleibt - selbst nachdem Sie neue Updates veröffentlicht haben.

Um dies zu lösen, bietet Facebook die Möglichkeit, einen einzelnen Beitrag am oben Rande Ihrer Seite zu fixieren. Sie können gepinnte Posts als eine Möglichkeit verwenden, um neue Angebote für neue Mitarbeiter, bevorstehende Veranstaltungen oder wichtige Produktankündigungen zu bewerben.

Um einen Post zu pinnen, klicken Sie auf den Dropdown-Pfeil in der oberen rechten Ecke eines Posts auf Ihrer Seite, und klicken Sie auf "Oben fixieren". Der Post erscheint dann oben auf Ihrer Seite und ist mit einem kleinen Lesezeichen markiert. Bedenken Sie jedoch, dass Sie immer nur einen gepinnten Post besitzen können.

Entscheiden Sie, ob Facebook-Fans Ihnen private Nachrichten senden sollen

Wir empfehlen Ihnen direkte Nachrichten auf Ihrer Seite zu aktivieren, um es Ihren Fans so einfach wie möglich zu machen,

Sie zu erreichen - aber nur, wenn Sie Zeit haben, Ihre Nachrichten regelmäßig zu überprüfen und auf diese zu reagieren. Auf Facebook-Seiten gibt es jetzt einen Abschnitt, der angibt, wie schnell eine Marke auf Nachrichten reagiert. Wenn Sie also nicht möchten, dass in diesem Abschnitt angegeben wird, dass Sie eventuell nicht schnell genug antworten, sollten Sie die Aktivierung dieser Funktion einfach überspringen.

Wenn Sie jedoch möchten, dass Ihre Facebook-Fans Sie direkt über Ihre Seite auf dem Laufenden halten können, aktivieren Sie auf jeden Fall die Nachrichtenfunktion. Sie können dies tun, indem Sie zu Ihren Einstellungen gehen, auf der linken Seite auf "Allgemein" klicken und dann in der Ergebnisliste nach "Nachrichten" suchen.

Nutzen Sie Facebook Angebote, um Aufmerksamkeit zu erregen!

Facebook-Angebote funktionieren ähnlich wie Google-Angebotserweiterungen, indem Sie Ihnen die Möglichkeit bieten ein Angebot exklusiv an Facebook-Nutzer zu bewerben. Versuchen Sie ein Angebot zu verwenden, um einen Artikel - vielleicht ein E-Book oder Ähnliches - im Austausch für eine E-Mail-Adresse zu verschenken. Oder erstellen Sie ein Angebot oder einen Rabatt, der in Ihrem Geschäft eingelöst werden kann. Es wird empfohlen, dass Sie Ihr erstes Facebook-Angebot nur an Ihre Fans richten. Wenn alles gut geht, können Sie Ihr Angebot dann für ein größeres Publikum erweitern.

Fügen Sie Meilensteine hinzu

Mit der Funktion "Meilensteine" können Sie einige der größten Errungenschaften Ihres Unternehmens hervorheben, wie zum Beispiel Auszeichnungen, Produkteinführungen, wichtige Ereignisse oder andere Anerkennungen. Die letzten Meilensteine werden in Ihrer Chronik veröffentlicht und Nutzer können sie später auf Ihrer Registerkarte "Über" finden.

Um Meilensteine hinzuzufügen, klicken Sie auf den Abschnitt "Zeitleiste" auf Ihrer Profilseite und klicken Sie im oben auf der Seite auf die Schaltfläche mit drei Punkten, wonach Sie "Meilenstein erstellen" auswählen.

Veröffentlichen Sie Posts häufig und konsequent

Machen Sie sich keine Sorgen darüber, mit Ihren Beiträge zu übertreiben - solange sie gleichmäßig über den Tag verteilt sind, sollte dies kein Problem sein. Nur 16 % Ihrer Fans werden einen Beitrag sehen (wenn überhaupt), da Nachrichtenfeeds leicht überfüllt werden. Je mehr Sie posten, desto besser sind Ihre Chancen, gesehen zu werden. Denken Sie jedoch daran, sich auf die Qualität als auf die Quantität zu konzentrieren - jeder Beitrag sollte einen Mehrwert besitzen, und nicht nur etwas, das schnell zusammengebastelt wurde.

Wählen Sie eine Schaltfläche für Ihre Handlungsaufforderung (Call-to-Action)

Facebook hat im Dezember 2014 ein sehr nützliches Feature hinzugefügt: die Möglichkeit, eine einfache Schaltfläche für Handlungsaufforderung oben auf Ihrer Facebook-Seite zu platzieren. Sie können aus sieben vorgefertigten Schaltflächenoptionen ("Anmelden", "Jetzt kaufen", "Kontaktieren Sie uns", "Jetzt buchen", "App verwenden", "Video ansehen" und "Spiele spielen") auswählen und es mit jeder Webseite verknüpfen, die mit den Zielen Ihres Unternehmens übereinstimmen. Diese Schaltfläche kann beispielsweise mit Ihrer Startseite, einer Landing Page, einem Kontaktformular, einem Video oder etwas anderem verlinkt werden.

Erstellen Sie benutzerdefinierte Registerkarten für Ihre Profilseite

Standardmäßig sind Ihre Registerkarten als Zeitleiste, Info, Fotos, Likes und mehr eingestellt. Mit Facebook können Sie jedoch benutzerdefinierte Registerkarten erstellen und nutzen, die im Wesentlichen wie Zielseiten auf Ihrer Facebook-Seite agieren oder Handlungsaufforderung sind, wo Sie von Fallstudien über Marketingangebote bis hin zu anderen von Ihnen durchgeführten Werbeaktionen alles einblenden können.

Sie befinden sich ganz oben auf Ihrer Seite und ermöglichen es Ihnen, den Besuchern einen bestimmten Pfad zu geben, um das zu tun, was sie auf Ihrer Seite tun sollen. Wenn Sie beispielsweise viele Mitarbeiter einstellen, dann können Sie möglicherweise eine benutzerdefinierte Registerkarte für "Jobs" erstellen, die auf Ihre Jobseite verweist.

Sie können benutzerdefinierte Registerkarten erstellen, indem Sie sich anmelden, Ihre Profilseite aufrufen, auf die Registerkarte

"Mehr" klicken und im Dropdown-Menü "Registerkarten verwalten" auswählen.

Tipps für die Sichtbarkeit von Newsfeeds

Priorisieren Sie Qualität über Quantität

Hier sind zwei Fragen, die wir oft hören: Wie oft sollte ich auf Facebook posten? Wird ein häufigeres Posten mehr Menschen erreichen?

Kurz gesagt, die Antwort lautet nein. Am Ende des Tages hängt alles von der Qualität der Posts ab, wenn es um die Sichtbarkeit Ihre Posts in den Newsfeeds der Nutzer geht. Facebook verwendet spezielle Algorithmen, die irrelevante und die qualitativ schlechte Posts herausfiltern, sodass nur die qualitativ hochwertigsten Inhalte durchkommen und den Nutzern gezeigt werden.

Überfordern Sie Ihre Kunden also nicht mit Inhalten auf Facebook und achten Sie darauf, was Sie veröffentlichen. Verbringen Sie mehr Zeit mit der Erstellung besserer Facebook-Posts und weniger Zeit mit der Erstellung zahlreicher Facebook-Posts. Denken Sie daran: Es ist die Aufgabe eines Vermarkters, Inhalte in sozialen Netzwerken zu posten, die für das Publikum interessant, unterhaltsam, hilfreich und/oder relevant sind. Dies bedeutet, relevante Themen auszuwählen, anregende Posts zu schreiben und überzeugende Bilder und Videos zu veröffentlichen.

Veröffentlichen Sie Posts zu den besten Zeiten für Ihr Publikum

Eine weitere häufige Frage: Wann ist die beste Zeit, um auf Facebook zu posten? Leider gibt es keine perfekte Antwort - verschiedene Unternehmen finden möglicherweise unterschiedliche Tage und Zeiten, die am Besten für sie funktionieren. Das Timing hängt häufig davon ab, wofür Ihre Zielgruppe Facebook verwendet, für welche Region (en) Sie werben, den Inhalt Ihres Posts (z. B. witzig oder ernst) und Ihre Ziele (z. B. Klicks vs Shares) und so weiter.

Unabhängig davon gibt es jedoch Daten über optimale Zeiten für die Veröffentlichung von Posts auf Facebook:

Die beste Zeit, um auf Facebook zu posten, ist 15:00 Uhr am Mittwoch. Andere optimale Zeiten umfassen 12:00 - 13:00samstags und sonntags sowie von 13:00 bis 16:00 Uhr donnerstags und freitags.

Interaktionsraten sind donnerstags und freitags um 18 % höher als an anderen Tagen, wohingegen werktags von 13:00 bis 16:00 Uhr die höchsten Klickraten erzielt werden. An Freitagen steigt die Nutzung von Facebook sogar um 10 %. Da die Leute an Freitagen meist glücklicher sind, ist es ratsam, lustige oder positive Inhalte zu veröffentlichen, die der Stimmung Ihres Publikums entsprechen.

Nachforschungen zufolge sind die schlechtesten Zeiten, um auf Facebook zu posten, am Wochenende vor 8:00 morgens und nach 20:00 Uhr. Stellen Sie sich diese Daten als allgemeine Richtlinie vor und verwenden Sie sie, um die optimalen Veröffentlichungszeiten für Ihre Posts zu finden.

Veröffentlichen Sie Ihre besten Bloginhalte

Für Unternehmen ist Social Media weiterhin von Inhalten geprägt. Es ist die Aufgabe eines Vermarkters, Inhalte in sozialen Netzwerken zu posten, die interessant, unterhaltsam, hilfreich und/oder relevant für Ihr Publikum sind. Beginnen Sie damit, die Zeitleiste Ihrer Seite mit Content zu füllen, indem Sie Ihre besten und hilfreichsten Blogeinträge auswählen.

Wenn Sie an Ressourcen gebunden sind, aber einen Business-Blog pflegen, können Sie versuchen, Ihren Blog so zu verbinden, dass Links zu neuen Bloginhalten automatisch veröffentlicht werden. Viele Blogging-Plattformen bieten diese Funktion automatisch in der Software an - Sie müssen sie nur einschalten und mit Ihrer Unternehmensseite synchronisieren. Sie sollten jedoch nicht zu viel Wert auf eine Automatisierung legen. Es ist in Ordnung, einige Inhalte automatisch zu veröffentlichen, aber stellen Sie sicher, dass ein echter Mensch die Beiträge veröffentlicht und mit Ihren Fans interagiert.

Stellen Sie sicher, dass die Meta-Beschreibungen Ihrer Blog-Posts vollständig sind

Ist Ihnen aufgefallen, dass Facebook beim Veröffentlichen eines Links automatisch eine kurze Beschreibung sowie ein Bild einholt?

Die Beschreibung wird von der Meta-Beschreibung der Seite übernommen, die sich auf das HTML-Attribut bezieht, das den Inhalt einer bestimmten Webseite erläutert. Es ist die kurze Beschreibung, die Sie auf einer Suchergebnisseite sehen, um eine "Vorschau" zu erhalten, worum es auf der Seite geht, und es ist auch die Kopie, die Facebook automatisch in die Beschreibung eines Beitrags einfügt.

Ohne eine Meta-Beschreibung kann Facebook den ersten gefundenen Text abrufen, was nicht zu einer sehr guten Nutzererfahrung führt. Außerdem bieten Metabeschreibungen eine Chance, Ihre Besucher von dem zu überzeugen, was Sie anbieten: informative, wertvolle Inhalte. Ihre Metabeschreibung sollte so überzeugend sein, dass die Nutzer darauf klicken möchten. Die Länge sollte jedoch höchstens 155 Zeichen betragen.

Entfernen Sie Links von Ihrer Post-Kopie

Halten Sie Ihre Texte prägnant, indem Sie die fürchterlich lange URL, die Sie teilen, aus dem Text in Ihrem Beitrag entfernen.

Ihre Post-Inhalte sind wertvoll, und Sie wollen sicherstellen, dass alle verwendeten Zeichen nur dazu dienen, die Aufmerksamkeit eines Lesers zu erregen. Darüber hinaus kann jeder Nutzer auf den generierten Thumbnail oder den Titel für diese URL klicken, um zum Blogpost, zur Webseite oder zu jeder URL zu gelangen, mit der Sie verlinkt sind. Sie müssen also auch nicht in die Kopie Ihres Posts aufgenommen werden.

Veröffentlichen Sie Ihre überzeugendsten visuellen Inhalte

Das neue Timeline-Design von Facebook setzt mehr auf visuelle Inhalte wie Bilder und Videos. Immerhin erhalten Facebook-Posts mit Bildern 2,3 mal mehr Engagement als Posts ohne Bilder. Eine Studie fand heraus, dass Facebook-Posts mit Fotos das meiste Engagement gegenüber jeder anderen Art von Posts aufwiesen, was sage und schreibe 87 % der gesamten Interaktionen ausmachte.

Deshalb ist das Posten von überzeugenden visuellen Inhalten eines der wichtigsten Dinge, die Sie tun können, um Ihre Facebook-Strategie zu verbessern. Nutzen Sie dies zu Ihrem Vorteil, indem Sie Ihre besten visuellen Inhalte auf Ihrer Facebook-Seite veröffentlichen oder sich mehr anstrengen, um den Inhalt, den Sie bereits erstellt haben, visuell zu gestalten.

Eine erfolgreiche Social-Media-Strategie umfasst häufig Fotos, Videos und Screenshots von Infografiken oder anderen Grafiken. Abgesehen davon, dass es Spaß macht, sie anzusehen, ist es wichtig, dass Ihre visuellen Inhalte überzeugend und relevant für Ihr Publikum sind.

Was ist ein weiterer Grund, viele visuelle Inhalte zu veröffentlichen? Dadurch werden die Registerkarten "Fotos" und "Videos", die zu jeder Facebook-Seite hinzugefügt werden, automatisch ausgefüllt. Sie möchten, dass diese mit visuellen Inhalten gefüllt sind, wenn Nutzer darauf klicken. Stellen Sie ebenfalls sicher, dass Ihre Bilder ordnungsgemäß formatiert sind.

Veröffentlichen Sie nicht nur Bilder, um Bilder zu veröffentlichen. Um Ihren Nutzern die bestmögliche Erfahrung zu bieten, müssen Sie Ihre Bilder für Facebook optimieren, damit sie die richtigen Größen und Abmessungen aufweisen.

Im Folgenden finden Sie einige der gängigsten Facebook-Bildgrößen:

• Titelbild: 851 pixel breit und 315 pixel groß
• Profilbild: 180 pixel breit und 180 pixel groß
• Hervorgehobenes Bild: 1200 pixel breit und 717 pixel hoch
• Geteiltes Bild: 1200 pixel breit und 630 pixel hoch
• Vorschaubild von geteilten Links: 1200 pixel breit und 627 pixel hoch

Posten Sie Videos, insbesondere Live-Videos

Die Experten bei Facebook wissen genau, dass die Nutzer gerne Videos auf Facebook schauen. Die Anzahl der Zuschauer von Videoinhalten nimmt rasant zu: Zwischen April 2015 und November 2015 verdoppelte sich die Anzahl der täglichen Videoaufrufe auf Facebook von vier Milliarden Videoaufrufen pro Tag auf acht Milliarden.

Facebook optimiert weiterhin, wie der Algorithmus das Interesse von Menschen an Videoinhalten auf Facebook misst, aber das wichtigste Ziel ist, Ihre Videos so visuell verlockend wie möglich erstellen - besonders in den ersten Sekunden.

Warum? Obwohl alle Videos auf Facebook in den Newsfeeds von Personen automatisch angezeigt werden, sind sie stumm geschaltet, bis der Betrachter die Lautstärke manuell einstellt. Je visueller Ihr Video anspricht, desto mehr können Sie Leute dazu verleiten weiterzuschauen. Umso mehr Zeit die Nutzer damit verbringen Ihr Video anzusehen, desto höher wird Ihr Video im Nachrichten-Feed eingestuft, denn für Facebook beinhalten Zeichen für eine Nutzerinteraktion mit einem Video beispielsweise, die Dauer der Ansicht, das Einschalten des Tons, in den Vollbildmodus zu wechseln oder das Aktivieren der HD-Auflösung.

In ihrem kontinuierlichen Bestreben, Videoinhalte im Newsfeed zu bewerben, hat Facebook kürzlich Facebook-Live eingeführt, einen Live-Video-Streaming-Dienst, mit dem jeder Live-Videos von seinem Mobilgerät direkt zu seinem Facebook-Newsfeed übertragen kann. Nutzen Sie also Facebook Live zu Ihrem Vorteil, da Facebook Live-Videos höher rankt als andere Videos und andere Arten von Beiträgen.

Verwenden Sie Facebook Insights

Facebook Insights ist das interne Analysetool von Facebook, mit dem Sie Ihre Facebook-Präsenz messen und analysieren können. Das Tool stellt den Facebook-Nutzern Analysedaten zu Seitenbesuchen und Interaktionen zur Verfügung, mit denen sie nachvollziehen können, welche Inhalte Ihre Fans interessieren und welche nicht.

Planen Sie Beiträge im Voraus

Facebook-Inhalte im Voraus zu planen ist kein neues Phänomen. Wir haben Treffen. Wir sind spät dran. Dinge kommen auf. Aus diesem Grund sollten Sie eine Facebook-Anwendung von Drittanbietern verwenden, um Ihre Facebook-Posts (und andere Social-Media-Posts) im Voraus zu planen.

Sie können sie jede Woche am selben Tag und zur gleichen Uhrzeit ausfüllen, um auf die Social-Media-Inhalte der nächsten Woche vorbereitet zu sein. Verwenden Sie dann diese Facebook-Anwendung von Drittanbietern, um Ihre Posts tatsächlich zu planen.

Wie wir jedoch von einer zu großen Facebook-Automatisierung mit Auto-Posting abgeraten haben, gilt das Gleiche auch für die Terminplanung. Lassen Sie sich nicht in die Falle treiben, Ihre Seite in einen Roboter zu verwandeln, und stellen Sie sicher, dass Sie auch aktiv mit Ihren Fans interagieren.

Fügen Sie Facebook Social-Media-Schaltflächen zu Ihrem Blog und Ihrer Webseite hinzu

Das Hinzufügen von Facebook Social-Media-Schaltflächen wird dazu beitragen, dass Besucher, die sich auf Ihrer Webseite befinden, auch auf Facebook mit Ihnen in Kontakt treten und mit Ihnen interagieren sowie Inhalte verbreiten und ihre Reichweite erweitern können.

Mit der Schaltfläche "Facebook" können Sie Ihre Facebook-Reichweite erweitern, indem Sie es Ihren Website-Besuchern erleichtern, die Facebook-Seite Ihres Unternehmens mit nur einem Klick zu erreichen. Es zeigt die Anzahl der Likes Ihrer Seite sowie die Gesichter von Personen an, die Ihre Seite bereits mögen, und verwendet Social Proofs, um die Effektivität zu erhöhen.

Mit der Like-Box von Facebook können Sie die Facebook-Seite Ihres Unternehmens auf Ihrer Website und in Ihrem Blog bewerben, andere Nutzer hervorheben, die Ihre Seite bereits geliked haben, Ihre Follower-Anzahl anzeigen und die letzten Posts auf Ihrer Seite anzeigen. Mit nur einem Klick können Menschen bereits Ihre Business-Seite Liken - ohne Ihre Webseite zu verlassen.

Die Facebook Like-Schaltfläche ermöglicht es Nutzern, Ihre Inhalte einfach zu Liken. Wenn ein Nutzer einen Inhalt mag, wird er möglicherweise in den Newsfeeds Ihrer Freunde angezeigt, da der Algorithmus dies als ein Signal ansieht, dass Ihre Freunde dies als relevant empfinden könnten.

(*Hinweis:* Mit dieser Schaltfläche können sie keine persönlichen Nachrichten zu Links hinzufügen, bevor sie freigegeben werden. Damit Benutzer eine personalisierte Nachricht hinzufügen können, müssen Sie die Facebook Share-Schaltfläche verwenden.)

Facebook Share-Schaltflächen verhalten sich ähnlich wie die Like-Schaltfläche, indem Sie Ihre Inhalte auf der Zeitleiste und in den Newsfeeds von Freunden teilen, mit Ausnahme von Personen, die beim Veröffentlichen einen Kommentar oder eine Nachricht zum Link hinzufügen.

Abonnieren Sie den offiziellen Facebook-Blog für zukünftige Ankündigungen von Facebook

Verschaffen Sie sich einen Wettbewerbsvorteil, indem Sie die neuesten Ankündigungen von Facebook wie neue Funktionen und Tools nutzen, indem Sie den offiziellen Facebook Blog abonnieren.

Wählen Sie das richtige Werbemittel

Facebook bietet Nutzern zwei verschiedene Tools zum Erstellen einer kostenpflichtigen Anzeige: den Ads Manager und den Power Editor. Der Power Editor eignet sich am besten für größere Werbetreibende, die eine genauere Kontrolle über viele Kampagnen benötigen. Wenn das nicht wie Sie klingt, dann funktioniert der Anzeigenmanager für die meisten Unternehmen ebenfalls sehr gut. Anhand Ihrer Unternehmensgröße und der Anzahl der Anzeigen, die Sie gleichzeitig ausführen möchten, ermitteln Sie, welche Lösung für Ihr Unternehmen am besten geeignet ist.

Verwenden Sie "Audience Insights", um mehr über Ihre Zielgruppe zu erfahren

Die besten Facebook-Webeanzeigen sind qualitativ hochwertige, relevante Anzeigen, die nahtlos in die Nutzerumgebung auf Facebook passen. Erfahren Sie mehr über Ihre Kunden und Interessenten mit Audience Insights, die Sie im Facebook-Anzeigenmanager auf der linken Seite der Navigation finden.

Mit diesem Werkzeug können Sie Ihre Anzeigen effektiver ausrichten und mehr über Ihre Zielgruppe erfahren - auch wenn Sie nicht für sie werben. Wie? Die Daten können Ihnen dabei helfen überzeugendere Inhalte zu erstellen und einige hilfreiche Einsichten für Ihre Wettbewerbsforschung aufzudecken.

Testen Sie mehrere Versionen einer einzelnen Webeanzeige

Das Ausführen einer einzelnen Kampagne bietet Ihnen nicht viel, um Ihre Zielgruppe zu finden, Ihre Webeanzeigen zu optimieren und festzustellen, ob Facebook-Werbung für Ihr Unternehmen geeignet ist. Sie müssen in der Lage und willens sein, mehrere

Kampagnen auszuführen, um verschiedene Teile einer einzelnen Kampagne zu testen und mit ihnen zu experimentieren.

Testen Sie zuerst eine Zielgruppe, indem Sie eine einfache Werbeanzeige und ein einfaches Bild verwenden. Es gibt normalerweise mindestens fünf bis zehn Möglichkeiten, um Ihre potenziellen Kunden anzuvisieren. Finden Sie eine oder zwei Zielgruppen, die am besten zu den niedrigsten Kosten pro Lead konvertieren.

Um ein breiteres Publikum zu erreichen und zu testen, müssen Sie jedoch einen angemessenen Betrag in Ihre Kampagne investieren. Dies kann bis zu einige Tausend Euro benötigen. Der Grund hierfür? Facebook-Anzeigen belohnen Sie, wenn Sie mehr Anzeigen und Zielgruppen testen. Während sich der Preis-Pro-Klick bei Werbung auf Google oder LinkedIn kaum ändert, kosten Facebook-Anzeigen viel weniger, wenn Sie diese intensiv testen.

Anschließend können Sie die kreative Seite der Webeanzeige testen, einschließlich Bildern, Überschriften und Text. Testen Sie 20 - 25 Varianten an Ihrer bewährten Zielgruppe. Sie werden meistens keinen Erfolg erleben, bevor Sie 15 - 20 Facebook-Anzeigen erstellt haben.

Wie Sie Ihre Facebook-Werbekosten verwalten

Das Auswählen einer Gebotsoption

Sie können aus einer Reihe verschiedener Gebotseinstellungen wählen, um Ihre Facebook Werbekosten zu optimieren. Sie können für Klicks, Eindrücke oder Ihr gewünschtes Ziel bieten (z. B. Facebook-Seitenlikes). Wenn Sie die empfohlene (und standardmäßig ausgewählte) Gebotsoption basierend auf Ihrem Ziel wählen, wird Ihr Gebot automatisch so festgelegt, dass Sie Ihr Ziel erreichen. Gebote für Klicks oder Eindrücke hingegen ermöglichen eine größere Anpassung.

Wählen Sie zwischen einem Tages- oder Laufzeitbudget

Als Werbetreibender können Sie ein Tagesbudget oder ein Laufzeitbudgets einrichten. Ein Tagesbudget reguliert, wie viel Sie pro Tag für eine bestimmte Kampagne ausgeben. Ihre Werbeanzeigen und gesponserten Anzeigen werden nicht mehr angezeigt, sobald Sie Ihr tägliches Anzeigenbudget erreicht haben. Auf diese Art können Sie Ihr Budget für Anzeigenpreise basierend auf jedem Tageszyklus optimieren. Beim Laufzeitbudget können Sie auswählen, wie viel Sie für den gesamten Zeitraum ausgeben möchten, für den eine Kampagne ausgeführt werden soll. Vergessen Sie nicht, dass jede Kampagne über ein separates Budget verfügt. Planen Sie entsprechend, um die Facebook-Werbepreise für Sie optimal zu halten.

Möchten Sie Ihre Werbekampagne ändern?

Sie können das Enddatum oder Budget Ihrer Kampagne jederzeit nach dem Start der Kampagne bearbeiten. Sie können zwar das Limit für die täglichen Mindestausgaben nicht ändern (es ist auf 50 Euro festgelegt), Sie können jedoch Ihr tägliches Anzeigenbudget ändern, was letztlich die Kosten der Facebook-Werbung bestimmt.

Facebook Marketing Tipps: 4 Wege, um ansprechendere Bild-Anzeigen zu erstellen

Bilder sind ein leistungsstarkes Tool, mit dem Sie fesselnde Facebook-Webeanzeigen erstellen können. Erfahren Sie nachfolgend, wie Sie Ihre Facebook Bild-Anzeigen optimal nutzen können.

1. Seien Sie kreativ mit Ihren Bildern! Posts und Facebook PPC-Anzeigen mit Bildern erhalten viel mehr Engagement als solche ohne, da sie Ihre Werbeanzeige oder Post von einem überfluteten News-Feed abheben.

2. Fügen Sie Ihren Werbeanzeigen mehrere Bilder hinzu. Fügen Sie einer Facebook PPC-Anzeige mehrere Bilder hinzu, um eine größere Vielfalt zu erzielen und um zu testen, wie unterschiedliche verknüpfte Bilder mit Ihrem Anzeigentext funktionieren. Sie können bis zu sechs Bilder zu Ihren Anzeigen ohne zusätzliche Kosten hinzufügen.

3. Halten Sie bei Bild-Anzeigen den Text unter 20 %. Die Facebook-Werberichtlinien schreiben vor, dass bildbasierte Facebook-Anzeigen, die in den Newsfeeds der Nutzer erscheinen sollen, nicht genehmigt werden, wenn der Text mehr als 20 % des Bildbereichs einnimmt. Facebook verfügt über ein Raster-Tool, um sicherzustellen, dass Ihre Bildanzeige den Richtlinien entspricht, aber Sie können dies manchmal einfach umgehen, indem Sie Ihren Text leicht verschieben.

4. Welche Größe sollten Sie verwenden? Facebook empfiehlt das Hochladen eines Bildes mit 1200 × 627 Pixeln für Ihre Werbeanzeigen. Je nach dem Typ der erstellten Anzeige erhalten Sie spezifischere Empfehlungen für die Bildgröße. Stellen Sie jedoch sicher, dass Ihr Bild mindestens 600 Pixel breit ist, damit es im Newsfeed angezeigt wird.

Werbung mit Facebook: 7 Tipps für ein besseres Targeting

Facebook-Werbung hat einige unglaubliche Targeting-Funktionen, die Ihnen helfen können, Ihre Botschaft anzupassen und Ihre gewünschten Zielgruppen anzusprechen. Nutzen Sie die Targeting-Optionen von Facebook Advertising, um sehr erfolgreiche Facebook-Kampagnen zu erstellen.

1. Nutzen Sie die erweiterten Targeting-Optionen. Facebook hat eine Menge toller und einzigartiger Targeting-Optionen für bezahlte Anzeigen, die Sie nirgendwo anders finden. Sie können Zielgruppen nach Standort, Alter, Geschlecht, Arbeitsplatz, Beziehungsstatus, Sprache, Bildung und mehr anvisieren.

2. Grenzen Sie Ihre ideale Zielgruppe mit dem Interessen-Targeting ein. Zusätzlich zu den oben genannten Targeting-Optionen ermöglicht Facebook eine unglaublich tief gehendes Interessen-Targeting. Dies bietet einen enormen Mehrwert, und die Targeting-Funktionen allein können Ihre Verwendung von Facebook-Werbung rechtfertigen.

3. Mache Sie neue Freunde oder konzentriere Sie sich auf alte. Sie können Ihre Facebook-Anzeigen ausschließlich auf Nutzer ausrichten, die bereits mit Ihrer Facebook-Seite verbunden sind, oder Sie können sie und deren Freunde oder Nutzer, die noch nicht ein Abbonement auf Ihrer Seite besitzen, gezielt ansprechen. (Denken Sie daran, dass eine Erweiterung Ihrer Reichweite die Relevanz Ihrer Zielgruppe verringert und ein wenig mehr kosten kann.)

4. Behalten Sie Ihre potenziellen Besucher im Auge. Wenn Sie Targeting-Optionen hinzufügen und Ihre Zielgruppe eingrenzen, generiert Facebook eine ungefähre Anzahl von Nutzern, die Sie erreichen. Dies ist nur eine Schätzung, kann Ihnen jedoch helfen sicherzustellen, dass Sie nicht zu viele Personen (oder zu wenige) ansprechen. Anzeigen werden am besten geschaltet, wenn sie auf mindestens ein paar Tausend Nutzer ausgerichtet sind. Ziehen Sie daher in Betracht, einige Einschränkungen zu entfernen, wenn Ihre Zielgruppe darunter liegt.

5. Grenzen Sie Ihr Ziel mit mehr Kategorien ein. Wenn Sie nur ein paar Interessen haben, fügen Sie verwandte Themen in den Abschnitt "Weitere Kategorien" ein. Dort finden Sie Optionen, um Ihre Zielgruppe noch weiter einzuschränken - wählen Sie Nutzer aus, die kürzlich Geburtstag hatten, viele Fotos auf Facebook hochladen usw.

6. Sie möchten Kunden in Ihr Geschäft bringen? Versuchen Sie sich auf Personen zu konzentrieren, die in Ihrer Stadt oder in Ihrer Umgebung leben. Verbinden Sie dies mit Facebook-Angeboten, die im Geschäft eingelöst werden, und sehen Sie, wie viele Kunden Sie von Facebook erhalten können.

7. Laden Sie Ihre Mailing-Liste auf Facebook hoch. Wenn Sie auf vorhandenen Leads aufbauen möchten, können Sie eine benutzerdefinierte Zielgruppe hinzufügen und Ihre Mailing-Liste direkt auf Facebook hochladen, sodass Sie Nutzer ansprechen können, mit denen Sie bereits in Kontakt sind. Durch die Nutzung der Funktion für benutzerdefinierte Zielgruppen werden die Konversionsraten für Werbeanzeigen häufig erhöht. Sie können eine Mailingliste hochladen oder sich direkt mit Mail Chimp verbinden. Klicken Sie einfach auf "Neue Zielgruppe erstellen" im Bereich "Zielgruppe".

Erstellen Sie einen Facebook-Marketingplan in 9 Schritten!

1. Definieren Sie Ihre Zielgruppe

Wie alt sind Sie? Wo leben sie? Welche Art von Jobs haben sie? Was sind ihre Vorlieben? Wie und wann nutzen sie Facebook?

Sie müssen sich auch mit den demografischen Merkmalen von Facebook vertraut machen. Sobald Sie wissen, wer die Plattform verwendet und wie Sie dies auf Ihre Zielkunden anwenden, können Sie sich Facebook Audience Insights ansehen. Verwenden Sie das Tool, um detaillierte Informationen über potenzielle Kunden zu erhalten. Finden Sie Informationen zu Themen wie Alter, Geschlecht, Bildung, Beziehungsstatus, Standort, Sprache, Facebook-Nutzung und sogar vergangene Kaufaktivitäten.

Es kann verlockend sein, sich auf Vanity-Metriken zu konzentrieren, wie zum Beispiel so viele Likes wie möglich zu sammeln. Aber wenn diese Likes nicht Teil eines breiteren Marketingplans sind, werden sie keinen großartigen Gewinn einbringen.

2. Setzen Sie sich Ziele

Die Ziele werden für jedes Unternehmen unterschiedlich sein, aber alle sollten sich auf Aktionen konzentrieren, die sich auf Ihren Nettoprofit auswirken - wie beispielsweise die Generierung von Leads, die Erhöhung der Conversions auf Ihrer Website oder die Verbesserung des Kundenservice. Aber dies sind nur breite Kategorien von Zielen, weshalb Sie daher sicherstellen sollten, dass Ihre Ziele viel spezifischer und messbarer sind. Hier empfehlen wir die Verwendung des S.M.A.R.T Zielsetzungsplans.

Alles, was Sie auf Facebook tun - jeder Beitrag, jeder Kommentar, jede Anzeige - sollte Ihre Ziele unterstützen. Um die Dinge auf Kurs zu halten, ist es eine gute Idee, die Essenz Ihrer Strategie in einen Facebook-Firmengrundsatz für Ihre Marke zu zerlegen. Dies wird Ihnen dabei helfen, ein konsistentes Markenimage aufrechtzuerhalten.

3. Beachten Sie Ihren Content-Mix

Sobald Sie Ihre Ziele festgelegt haben, müssen Sie einen Plan erstellen, wie Sie diese erreichen können. Ein wichtiger Teil dieses Plans besteht darin, den richtigen Content-Mix zu bestimmen. Wir empfehlen, entweder mit der 80 - 20 Regel oder der Social Media Drittelregel zu beginnen.

Wenn Sie die 80 - 20 Regel einhalten, verwenden Sie 80 Prozent Ihrer Facebook-Beiträge, um zu informieren und zu unterhalten, und die anderen 20 Prozent, um Ihre Marke zu bewerben. Denken Sie daran, dass es bei der Verwendung von Facebook für Unternehmen, um den Aufbau von Beziehungen geht, und Eigenwerbung ist keine gute Möglichkeit, dies zu tun. Aber wenn Sie genug Wert bieten, wird Ihre Zielgruppe in diesen 20 Prozent der eher verkaufsorientierten Beiträge offen für Ihre Produkte und Dienstleistungen sein.

Die Social Media Drittelregel schreibt auch eine gute Mischung aus wertvollen Inhalten und Werbeposts vor. Das heißt, ein Drittel Ihrer Inhalte sollte Ideen und Geschichten teilen, ein Drittel sollte persönliche Interaktionen mit Ihren Followern beinhalten und das verbleibende Drittel kann Ihr Unternehmen fördern.

In jedem Fall besteht das Ziel darin, mehr Wert als Werbematerial zu bieten, um Follower zu binden. Der Facebook-Algorithmus wird immer Marken benachteiligen, die den Umsatz zu stark erzwingen.

Facebook möchte, dass die Nachrichten-Feeds seiner Nutzer voll mit Inhalten sind, die sie mögen und teilen möchten. Als Vermarkter sollten Sie das auch wollen, denn all diese Likes und Shares tragen dazu bei, Ihre Reichweite zu erweitern und Ihre Marke vor die Augen von neuen, potenziellen Kunden zu bringen.

Der letzte Teil Ihres Plans ist zu bestimmen, wann und wie oft zu posten. Obwohl der Algorithmus von Facebook dafür sorgt, dass Posts nicht in chronologischer Reihenfolge angezeigt werden, haben Sie die beste Chance an die Spitze des Feeds zu gelangen, wenn Sie dann posten, wenn Ihre Zielgruppe am aktivsten im Netzwerk ist.

Dies erfordert einige Versuche, die Sie für Ihr spezifisches Unternehmen festlegen müssen (mithilfe von Interaktionsdaten, die aus Page Insights ermittelt wurden). Aber Nachforschung haben im Allgemeinen gezeigt, dass die beste Zeit zum Posten Donnerstag oder Freitag von 13:00 bis 15:00 Uhr ist, also ist dies ein guter ein guter Ausgangspunkt, um zu beginnen. Da es wichtig ist, konsistent zu posten, sollten Sie ebenfalls einen Inhaltskalender erstellen, um die Mischung Ihrer Inhaltsarten auszugleichen und Ihren Veröffentlichungsplan auf dem richtigen Weg zu halten.

4. Erstellen Sie eine Facebook Unternehmensseite

Sobald Sie Ihre Zielgruppe, Ziele und Inhaltsstrategie festgelegt haben, ist es Zeit, eine Facebook-Seite zu erstellen.

Wie Facebook es ausdrückt, ist das Profil Ihres Unternehmens "ein Eckpfeiler [Ihrer] Online-Identität". Hier veröffentlichen Sie Inhalte und interagieren mit Followern. Es kostet nichts, eine Facebook-Seite einzurichten oder Inhalte zu posten, was großartig ist, wenn Sie mit einem begrenzten Budget arbeiten.

Wie groß kann eine Facebook-Seite werden? Coca-Cola hat eine der höchsten Anhängerzahlen, die derzeit bei mehr als 105 Millionen liegt.

Berücksichtigen Sie die folgenden Best Practices für ein Facebook-Marketing, um die Effektivität Ihrer Facebook-Seite zu maximieren:

• Wählen Sie einen suchfreundlichen Seitennamen: In den meisten Fällen ist dies Ihr Markenname.

• Legen Sie eine benutzerdefinierte oder "Vanity" URL für Ihre Seite fest, die mit Ihrem Unternehmen in anderen sozialen Netzwerken übereinstimmt.

• Machen Sie das Beste aus dem Infobereich Ihrer Seite: Geben Sie wichtige Informationen zu Ihrem Unternehmen an und lassen Sie Ihre Follower wissen, wie Sie mit Ihnen in Kontakt treten können.

• Da Ihr Titelbild und Profilfotos der visuelle erste Eindruck für Ihre Seite sind, sollten Sie sicherstellen, dass sie Ihre Marke korrekt darstellen und potenzielle Follower ermutigen, sich zu engagieren.

• Fügen Sie eine Schaltfläche zur Handlungsaufforderung hinzu, der potenziellen Kunden eine einfache Möglichkeit bietet, mit Ihnen in Kontakt zu treten oder sogar mit dem Einkauf für Ihre Produkte zu beginnen.

5. Beginnen Sie zu posten

Jetzt können Sie mit dem Posten beginnen. Also, wie können Sie genau herausfinden, welchen Inhalt Sie posten möchten? Eine gute Möglichkeit, um zu lernen, was Ihrem Publikum gefallen könnte, ist Social Listening. Finden Sie durch dieses Feature heraus, was Ihre Kunden, potenziellen Kunden, Fans und sogar Konkurrenten online sagen und veröffentlichen. Dies sind wertvolle Einsichten.

Was schätzen bestehende Kunden an Ihrem Unternehmen oder Ihren Produkten? Welche Herausforderungen haben Menschen, wobei Ihr Produkt ihnen helfen kann? Wie können Sie sich von der Konkurrenz abheben? Das sind alles Fragen, die Ihnen Social Listening durch Ihre Facebook-Posts beantworten kann.

Haben Sie Inhalte getweetet, die gute Reaktionen erhalten? Teilen Sie diese auch auf Facebook. Haben Sie eine Seite in Ihrem Blog, auf der immer neue Kommentare erscheinen? Dies ist definitiv ein weiterer Anwärter für einen Facebook-Post. Um die besten Ergebnisse zu erzielen, teilen Sie Ihre Inhalte mit Cross-Promotion und nicht mit Cross-Posting.

Sie kennen sicherlich diesen einen Inhalt, der am oberen Rand Ihres Feeds schwebt? Der, der Ihre Marke wirklich widerspiegelt und potenziellen Anhängern genau zeigt, warum sie Ihre Seite mögen sollten?

Ein gepinnter Post ist einfach ein normaler Post, den Sie an die Spitze Ihrer Facebook-Seite "fixieren" können, sodass er nicht verschwindet, wenn Sie neue Inhalte posten.

Sie können diesen Bereich auch nutzen, um wichtige Neuigkeiten zu teilen, ein fantastisches Video zu präsentieren, auf eine aktuelle Kampagne aufmerksam zu machen oder alles andere, was dazu führt, dass Menschen mit Ihrer Marke auf Facebook interagieren. Sie können feststellen, dass ein Beitrag fixiert ist, wenn Sie oben links im Beitrag ein kleines blaues Reißzwecken-Symbol sehen.

Sie können immer nur einen gepinnten Post zu einem Zeitpunkt haben, aber Sie können Ihren gepinnten Post so oft ändern, wie Sie möchten.

6. Steigern Sie Ihre Facebook Likes und Follower

Sie haben Ihre Facebook-Seite eingerichtet und gestartet, und Sie haben begonnen, sie mit interessanten Inhalten zu füllen, indem

Sie eine Vielzahl von Beitragsarten verwenden. Jetzt ist es an der Zeit, die Sichtbarkeit Ihrer Seite zu erhöhen, um mehr Follower zu erhalten und eine Interaktion zu fördern.

Erleichtern Sie es anderen Nutzern, die in anderen sozialen Netzwerken interagieren, Ihre Facebook-Seite zu finden. Verknüpfen Sie Ihre Seite mit Ihrer E-Mail-Signatur, Ihrem Newsletter und anderen Kanälen. Fügen Sie Schaltflächen für Facebook Like und Share auf Ihrer Webseite und Ihrem Blog ein, damit Nutzer Ihre Seite mit einem Klick finden, verfolgen und teilen können.

Stellen Sie in diesem Zusammenhang auch sicher, dass der Inhalt, den Sie auf Facebook posten, sehr gut geteilt werden kann. Es ist der beste Weg, um Ihre Reichweite zu erhöhen. Laut einer Studie der Customer Insight and Advertising Groups der New York Times "sollten Marketingexperten sich darauf konzentrieren, Inhalte bereitzustellen, welche die Beziehungen der Konsumenten zueinander verbessern". Mit anderen Worten erstellen Sie wertvolle und unterhaltsamen Content, den Ihre Follower bereitwillig mit ihren Kontakten teilen möchten.

Es muss betont werden, dass Facebook ein soziales Netzwerk ist. Wenn Facebook-Nutzer, die versuchen, mit Ihrer Marke zu interagieren, keine Antwort erhalten, sind Sie kaum "sozial". Wenn Sie nicht mit Ihrer Seite beschäftigen, warum sollten Ihre Follower dies dann tun? Follower, die keine Interaktion von Ihnen erhalten, werden Ihre Seite für reaktionsfähigere Marken verlassen.

Schließlich ist ein Teil der Aufrechterhaltung einer guten Unternehmensseite, die Likes fördert, sicherzustellen, dass sie auf dem neuesten Stand bleibt. Planen Sie eine monatliche Überprüfung Ihres Profils, um nach veralteten Inhalten zu suchen und diese zu entfernen. Stellen Sie zudem sicher, dass Ihr Infobereich korrekt, aktuell und zu Ihrer Marke passt.

7. Erwägen Sie, eine Facebook-Gruppe zu erstellen

Sobald Sie damit begonnen haben, Ihre Follower aufzubauen, sollten Sie in Erwägung ziehen, Ihrem Marketingplan eine Facebook-Gruppe hinzuzufügen. Mit mehr als einer Milliarde Menschen, die jeden Monat Facebook-Gruppen nutzen, ist dieses Publikum zu groß, um es zu ignorieren. Denken Sie an Gruppen als einen Ort, an dem Menschen zusammenkommen, um

Informationen und Ideen mit gleich gesinnten Nutzern in einer Online-Community auszutauschen.

Ihre eigene Facebook-Gruppe zu erstellen kann eine effektive Möglichkeit sein, Ihre Fans an einem Ort zu versammeln und sie ermutigen, miteinander zu interagieren. Bauen Sie eine aktive Gemeinschaft von Anhängern auf, die über Ihr Unternehmen sprechen. Es ist ebenfalls eine großartige Möglichkeit, um Kundendaten zu sammeln. Was sagen die Leute wirklich über Ihr Unternehmen? Es ist wie eine Fokusgruppe mit unbegrenzten Mitgliedern - und Sie können Konversation fördern oder Fragen stellen. Sie können auch Facebook-Gruppen verwenden, um Ihre Expertise zu präsentieren.

Ihre Gruppe muss nicht riesig sein, um viel Engagement zu erzeugen. Zwischen den Beiträgen und Kommentaren generierten beispielsweise die 3.200 Mitglieder einer Test-Gruppe allein im August 2017 8.000 Interaktionen.

Manchmal kreieren Fans ihre eigene Facebook-Gruppe mit einem Fokus auf Ihre Marke (durchsuchen Sie Facebook-Gruppen nach FitBit, um dies in Aktion zu sehen). Es ist eine gute Idee, diesen Gruppen beizutreten, um sicherzustellen, dass die Konversation positiv und sachlich ist. Im Allgemeinen ist dies jedoch eine großartige Sache. Es zeigt, dass Ihre Marke eine engagierte Fangemeinde hat, die wirklich daran interessiert ist, was Sie tun!

8. Nutzen Sie Facebook-Anzeigen

Der Facebook-Algorithmus priorisiert Inhalte von Freunden und Familienmitgliedern der Benutzer. Das bedeutet, dass nicht alle oder sogar die Mehrheit Ihrer Follower Ihre Beiträge offensichtlich sehen werden. Hier kommen Facebook Ads ins Spiel.

Wie bei jeder Werbung handelt es sich bei einer Facebook-Anzeige um Inhalte, für die Sie zahlen, um diese mit einer bestimmten Zielgruppe zu teilen. Es geht darum, Ihre Marke vor die richtigen Augen zu bringen und Ihre Konversionsziele zu erreichen.

Facebook bietet Werbeoptionen für geschäftliche Ziele innerhalb und außerhalb des Netzwerks - von Markenbewusstsein und Engagement bis hin zu App-Installationen und Geschäftsbesuchen.

Ein wichtiger Hinweis hier: Auch wenn Sie nicht sofort Facebook-Anzeigen verwenden möchten, ist es eine gute Idee, bereits jetzt Ihren Facebook Pixel einzurichten. Dadurch erhalten Sie Zugriff auf wichtige Daten, wenn Sie Ihre erste Kampagne starten möchten.

Ein Facebook Pixel ist ein einfacher Code, den Sie auf Ihrer Website platzieren, um Conversions zu erfassen, ein Remarketing für Nutzer durchzuführen, die Ihre Webseite bereits besucht haben, und benutzerdefinierte Zielgruppen für zukünftige Anzeigen zu erstellen. Sobald Sie es auf Ihrer Webseite platzieren, beginnt das Pixel mit der Erfassung von Daten. Sie verfügen daher bereits über Remarketing- und benutzerdefinierte Zielgruppeninformationen, wenn Sie mit Ihrer ersten Kampagne beginnen.

9. Verfolgen, messen und verbessern Sie

Also, Sie haben bereits S.M.A.R.T. Ziele für Ihren Facebook-Marketingplan. Gut. Jetzt ist es an der Zeit, deren Performance zu verfolgen und zu messen. Sehen Sie, was funktioniert hat und was nicht - und wie Sie Ihre Strategie in Zukunft verbessern können.

Sie können die Nutzerrinteraktion mit Inhalten auf Ihrer Facebook-Seite über Facebook Insights verfolgen. Auf diese Weise können Sie Likes, Reichweite (wie viele Personen Ihre Posts gesehen haben) und das Engagement (wie viele Personen geliked, geklickt, geteilt oder kommentiert haben) messen. Sie können auch sehen, welche Ihrer Posts dazu führen, dass Personen auf "Gefällt mir nicht mehr" klicken - kritische Informationen darüber, was nicht funktioniert.

Mit Facebook Insights können Sie auch feststellen, welche Post-Arten für Ihre Seite am besten geeignet sind. So wissen Sie immer, ob Ihr aktueller Mix an Inhalten funktioniert.

Für Aktionen außerhalb von Facebook (wie Einkäufe oder andere Website-Conversions) müssen Sie Tools wie Google Analytics, Hootsuite Impact und UTM-Parameter verwenden. Das mag kompliziert klingen, aber es gibt eine Vielzahl von detaillierten Anleitungen im Internet, die Sie durch den Prozess führen werden.

Abgesehen davon, dass Sie Ihren Erfolg überwachen müssen, ist es auch wichtig, die Informationen darüber zu verwenden, was funktioniert und was nicht, um Ihre Strategie anzupassen. Die Daten zeigen Ihnen, was Sie weiter machen sollten und welche Taktiken Sie optimieren müssen. Durch diese kontinuierliche

Schleife von Zielsetzungen, Messergebnissen und Optimierungen Ihrer Strategie können Sie Ihre Leistung im Laufe der Zeit deutlich verbessern.

Sobald Sie die Strategien in diesem Leitfaden verstanden haben, können Sie Ihre Marketingbemühungen erweitern, indem Sie Facebook nutzen, um Leads für Ihr Vertriebsteam zu generieren, einen Facebook-Wettbewerb zu starten und Facebook Messenger zu integrieren, um mit Followern einzeln oder über Chatbots zu kommunizieren.

Es gibt eine Menge zu lernen, wenn es um Facebook-Marketing geht, und es könnte zunächst ein wenig überwältigend erscheinen. Die gute Nachricht ist jedoch, dass Sie beginnen können, ohne einen einzigen Euro zu investieren, und dann in komplexere Strategien und bezahlte Kampagnen investieren können, während Sie mehr Fachwissen erwerben.

> Verwalten Sie Ihre Facebook-Präsenz neben Ihren anderen Social-Media-Kanälen zum Beispiel mit Hootsuite. Über ein einziges Dashboard können Sie Posts planen, Videos teilen, Ihre Zielgruppe ansprechen und die Auswirkungen Ihrer Bemühungen messen. Probieren Sie es heute noch kostenlos aus

Kontakt: Anthony Filipiak, Christinenstr. 14, 40880 Ratingen
Covergestaltung: Autor Richards Coverfoto: shutterstock.com

31414641R00019

Printed in Poland
by Amazon Fulfillment
Poland Sp. z o.o., Wrocław